지시연 시집

날개 달린 부츠

⊙ 날개 달린 부츠

지은이 • 지시연

펴낸이 • 강옥현

주　간 • 양재일

발행처 • 도서출판 오감도

초판 인쇄 • 2025년 11월 20일

초판 발행 • 2025년 11월 22일

전화 070-7778-2591 010-3206-2591

팩스 (031) 775-0161

출판 등록일 • 일제 10-1651(98. 10. 15)

서울시 중구 을지로3가 268 유일빌딩 604호

ISBN 978-89-5698-453-7 03810

값 10,000원

한국예술인복지재단

*이 도서는 2025년 한국예술인복지재단의
문화예술지원사업으로 발간되었습니다.

🪶 시인의 말

너처럼 말하고 싶지 않아
아직 만나지 못한 언어를 찾아가듯
머리 위를 돌다 날아간
맹금류의 사나운 발톱 아래
승부수를 던질 것인지 생각 중인 가을날

흰머리수리가 다시 위협할지 몰라
아무런 일도 못 하고
아무에게도 전한 말 없이 고꾸라지진 않았다

나란 이유로
자꾸만 짧아지는 생각 한 토막이
길일 수도 있어서
잔머리와 나부대는 꼬리를 자르고
날개 달린 부츠를 신고 찾아 나선 길에서

2025년 가을

제1부
날개 달린 부츠를 찾아서

산시의 발단 • 016

시담뜰 구유 • 018

새기는 말 • 019

당당한 착각 • 020

꽃평선 • 021

화살 • 022

산굼부리 • 023

양면의 모순 • 024

자기 검열 시대 • 025

길은 끝이 있다 • 026

착각, 한 줄 • 027

달소 • 028

오류기 • 029

자라는 것들의 기억 • 030

갑질의 본질 • 031

모슬포 일몰 • 032

유적지에 비는 내리고 • 033

구름의 반전 • 034

파도의 손 • 035

산안개 • 036
산에 들리라 • 037
당신이라는 우주 • 038
가을은 그렇다 • 039
빈 하늘 • 040

제2부
잘라먹는 말들의 유골을 만나다

거북 등의 남자 • 042

잘라먹은 말 • 043

혼자라는 허구 • 044

닿을 수 있는 것 • 045

서툰 분탕질 • 046

가끔이란 말이 좋다 • 047

와글와글 • 048

에고의 객관화 • 049

변명 • 050

둘 중 하나 • 052

비장 • 054

단면의 도식 • 055

날개 달린 부츠 • 056

허물의 소란 • 057

엄마표 국간장 • 058

해명의 이유 • 060

예감 • 061

백운을 넘다 • 062

이런 사람이에요 • 063

나랑 놀아요 • 064
순례를 마친 후 • 066
무죄 • 067
서늘함에 대하여 • 068
그리운 것들의 세모 • 070

제3부
쉼표 하나 내려놓는 가을이란 부제

결점의 빙산 • 072

속앓이 • 074

피정 • 076

쉼표 하나 • 077

아찔한 유혹 • 078

혼자 하는 내 말 • 079

매듭 • 080

감히 아마도 • 081

고택의 눈 • 082

벼 이삭 • 083

자문자답 편 • 084

오름에 끌린 여자 • 085

표백의 시간 • 086

저곳에 닿을 수 있게 • 087

파란 꽃 • 088

삭제하고 나가기 • 089

꿈길을 갑니다 • 090

풀잎 하나 • 091

고심의 끝 • 092

금어기 • 093
선을 넘는 일 • 094
관성 • 095
사막에 가요 • 096

제4부
등대의 꿈 이야기를 들어 주기로 해요

길어질 것 같은 말 • 098

메시지 전달법 • 099

시 홀릭 • 100

겸허를 배우다 • 101

남이섬 • 102

반복 • 103

은월 • 104

누가 살길래 • 105

틈의 변론 • 106

불꽃 사람 • 107

그릇 • 108

선심 혹은 변명 • 109

등대의 꿈 • 110

청보리밭 • 111

어차피 • 112

단순해요 • 113

바람이 쓰고 지운 말 • 114

기억의 꽃자리 • 115

발톱의 성장기 • 116

소화 대흥란 • 117
가을, 그즈음에 • 118
발가락의 힘 • 119
어깃장 놀음 • 120
돌보기 • 121
항복 • 122
빗물 너를 • 123
달톤의 비밀 • 124

제5부
가을살이는 지는 꽃의 지문도 목숨이더라

선물상자 • 126

나를 훔쳐가다 • 127

은행나무와 사람 • 128

나무수저 • 129

어깨에 돋아난 시 • 130

빈 하늘 2 • 131

오류 • 132

반복의 힘 • 133

그녀의 촉각 • 134

자기돌봄 • 135

교차 시기 • 136

깨워라 • 137

석류에게 • 138

시월 가네, 세월 가네 • 140

바람의 넋 • 141

벽 혹은 문 • 142

그날까지 • 143

찔레꽃 • 144

흐름이란 • 145

작심 • 146
자유 의지 • 147
돈독 • 148
후유증 • 150
꽃밭 매기 • 151
재의 수요일 • 152
가능한 일 • 153
세상과 사람 • 154
역에서 易으로 • 155
집 짓는 자여 • 156
없어지는 것들의 무게 • 157
나 사랑법 • 158
깨어나다 • 159
도착한 집 • 160

제1부

날개 달린 부츠를 찾아서

산시의 발단

1.
  존재자가 되어 산으로 갔다
  등골 진 산속으로 걸어 들어가 산이 되기로 한 지 스무 해
  폴 세잔느가 그린 백 개도 넘는 생트 빅투아르 산을 헤아리다
  실제보다 더 실제가 되는 유화로 생겨난 산을 그리고 싶었다
  발끝으로 능선 한 개라도 그려내고 싶어 발가락이 퉁퉁 부어오를 때까지
  멀쩡했던 시간의 제곱수
  마침 평생을 그렸다는 세잔느의 사과를 기억해 내는 일까지
  기다렸다는 듯이 겉으론 수월했다

2.
  이브와 아담의 사과에서 진화한 인류는 뉴턴의 사과보다

세잔느의 사과를 탐하는 맹렬한 눈초리로
 이미 파괴적 초점을 지나 눈이 아니라 심중에 박힌 구상자리다
 세잔느가 손가락 붓으로 영혼을 담아 산을 그리고
 나는 죽지 않고 산을 내려왔다는 세월을 앞세운 핑계뿐
 손가락 언어 간신히 부러뜨려 산시를 썼다
 아이네이스를 훔칠 새도 없이
 세잔느가 읽어보지 못한 시를 쓰는 나는
 억지로라도 비르길리우스*가 되어보기로 했다
 이런 상상은 날개를 펴고 산 위를 날게 하는 건 내 시의 밀알이다

* 비르길리우스(publius vergilius) : 기원전 70년 출생, 기원전 19년 사망. 고대 로마의 전원시인, 국가 서사시 「아이네이스」를 썼다.

시담뜰 구유

첫눈이 발목을 묻고 종아리를 넘어오더니
그 눈이 보름이 지나도 남아 있다

얼마나 추운지 물통 끝에 얼어붙은 고드름을
쇠바람이 꺾어버렸다

산수국을 배경으로 만든 구유 안에
아기 예수님이 오셨다고
빨간 성탄 촛불도 켜 놓고 들어왔다

젊은 사제의 성탄 메시지 한 줄이 안온하게 번지는 밤
먼저 마음이란 구유를 잘 닦아서 선함과 사랑으로
예수님 오실 구유를 꾸미라고 하신다

새기는 말

들음으로 남을 판단하게 되더라도
말 옮김은 아주 잊을 만큼 되어야
손바닥만 한 사랑이 자랄 테지만
아직도 멀리서 섣부른 관망 중이겠다
들음을 사는 게 밥 먹듯 쉽다면
살아온 생은 혀끝으로
사람을 다스릴 일도 없을지 모른다
아침에 눈 뜨면 말씀을 읽고
저녁에 잠자기 전 끝 기도를 바치고
새벽닭처럼 횃대를 오가는 것 같아도
매일의 나는 새로운 내가 되어
꿈꾸듯 하늘로 날아가자

당당한 착각

자신 있게 말할 수 없으면 착각하지 마라
남들은 뛰어가고 날아가는 것처럼 느껴질 때도
나만 제자리인 사람은 없다
그가 가진 둥지 안에서 누릴 수 있는 세계는
무한한 것이라
어둠 속에서 어둠만 보는 사람이 있고
빛을 보거나 자신을 보는 사람이 있어서

드러나는 가치만 가치가 아닌
보이지 않는 가치를 소유한 사람이
더 오래 기억되는 것
가령, 오래전 빌딩숲을 버리고
나무숲에 든 사람같이
자신이 원하는 대로 방향을 정해 살면
거기가 꽃피는 빛의 세계와 닿는 낙원 아닌가?

꽃평선

그녀는 해바라기를 그리는 화가로 느릿느릿 세월 먹고 산다 그녀의 고집과 집념이 피워낸 언덕 진 화원에 출렁이는 꽃바다를 본 적 있다 사람은 무엇으로 휑한 가슴을 채울 수 있는지 건강을 잃어본 그녀가 한 자락 가르쳐 주었다 땀 흘려 가꾸고 피워낸 해바라기는 꽃이라는 명사를 버리고 그녀의 목숨으로 곁에 있다 길게 이어지는 금빛 물결 사이로 그녀를 쏙 닮은 수만 송이 얼굴꽃이 웃고 있다 세상이 덤으로 황홀하다는 말은 이럴 때만 쓰고 싶었다 다시는 아프지 않기를! 어디가 끝인지 헤아릴 이유도 없이 해바라기처럼 태양을 마주하듯 가을날 그녀의 꽃씨가 영글어 가기를 땀방울 맺히도록 기도했다

화살

자신 없는 빈말이 거짓의 시작이라면
냉혹한 언어의 화살을 거두는 지혜는
어디서 날아 오는가

당신의 언어를 당신은 좋아하는지
생명의 말로 흠집 난 영혼을 살리는
언어의 집을 선물할 수 있는가?

똑같은 화살통을 메고 달리는 사람들
지금 날아가는 언어의 속도와 향기를
누구에게 선물로 줄 수 있는지

공기를 가르며 심장을 관통하지 않는 언어로
자신을 깨울 수 있을 때가 언제이던가
나는 우리라는 하나 된 너를 살릴 수 있을까?

산굼부리

억새가 부르더라
억수로 억수로 새소리를 내는 바람의 궁전

태양을 쪼아 먹을 듯 날아가는
수만 마리 새 떼들의 문양

가던 길 멈춰 서서
호흡까지 삼키며 올려다보는 하늘은
두려움 없이 날아가는 새들의 우주

누가, 저 높고 빠른 바람을 몰아 보았는가?
여행자는 들뜬 가슴 한 자락만 움켜쥐었을 뿐
자연이 다, 태초이듯 이루어 갔다

양면의 모순

오래된 나무는 사람이 지나가면
저 사람이 이고 온 무게를 읽어낸다
슬픔이나 아픔은 말할 것도 없고
그가 매달고 치렁대는 뼈 부딪치는 소리와
높은 가지 하나까지 바라볼 수 있게
더 힘껏 들어준다
사람은 강하지도 못하면서 좋은 입으로
타인을 흠집 내기 쉬운 존재라서 다시 넘어진 오늘
같은 얼굴로 어떤 사람에게는 좋은 내색을 하고
같은 입으로 누구에게는 아픈 말을 겁 없이 덧칠한다
사람이 불완전한 것은 두려움이 아니라
모순을 살아갈 줄 아는 또 다른 변모에 섬찟
그런 속에서 입만 막고 사는 게 무슨 대수겠냐고
그을린 입속을 헤집고 바삐 다닌다

자기, 검열 시대

넘어지지 않으려고
강해지려고, 맘먹었다는 것
자신을 보이지 않는 심판대 위에 세워 놓고
냉정하게 바라볼 수 있겠는가?
승부의 마찰, 조목조목 항목에 맞추어
대입해 보기 바란다

최후에 너는 마땅히 나보다 당당할지
승리의 깃발을 높이 들고
외치는 한마디는 무얼까?
"저는 불순물이 안 나왔어요"
도대체 어디서 살다 왔길래?

길은 끝이 있다

음악이 먼저 말하도록 기다려줄 것
마음이 애틋할수록 말은 하지 않을 것
바다는 늘 산 너머 더 아래에 있거늘
섣불리 출렁인다고 갈매기를 부르지 말 것

가을 무를 썰다 말고 오보에 파장에 취하는 것을
말리지 말 것
생각의 길 여행지에서 걷는 또 하나의 길
삶의 길이 모두 하나로 만나는 것을

말로 지휘하는 게 삶이라 해도
떨어지는 낙엽의 몸짓에 자신이 보이듯
생명체가 숨을 거두는 순간은 네 음절로, "거룩하다"
끝에서는 위대한 음악가의 죽음과 사마귀의 죽음이
두 귀에 나란히 걸린다

착각, 한 줄

지구라는 마당에 시인이 뿌려놓은 시의 언어만
심어도 얼마나 아름다운 세상이 될지
생각만 해도 혀끝이 달달해져
문득, 침 고이는 시간을 삼키고 있다
자연 속 생명들과 사랑을 노래하고 아픔을 사위어도
아직 다하지 못한 시의 발아는 별밤처럼 멀었다
뿌리고 뿌려져서 어디론가 흘러가는 시의 말들
어쩌면 누군가 주워다 소설에 끼워 넣었을지도 모를
새콤한 시 한 줄
첼로 소나타와 클라리넷에 취해 몸살을 하다
툭, 터져버린
청포도 알 같은 내 시의 언어까지 끝내 살아서
한 줄이라도 가을마당에 찾아와 뿌려지기를!

달소

밤새 적막을 뒤집는 소리에
어느 시인이 앓는 소리가 들려
일어났다는 말 믿기로 했다
시인도 아프고 고립될수록
시에서 달소의 진국이 나온다
그 말도 믿기로 했다
등골은 노를 타고 오르락내리락하는 한겨울
서녘으로 달리는 뿔새처럼 온기가 필요한데
진국은 언제 다, 우러나올지 아득도 하여라
시속에 허망한 말들을 지우려
시를 쓰며 사는 이유가 된다는 그 말도 믿기로 했다
시의 무성한 가지만 늘어져 휘청거리는 바람에
하늘을 가린다는 말은 진심이라 늘, 아프다

* 달소(達宵): 밤을 새움

오류기

판단 때문에 판단이 느려지더라도
판단에 밝은 세상 소식은 잠도 안 자고 판독한다
안 그래도 불이 나서 고장 났다고
날아간 내 시의 발주처가 구멍가게인 줄 그때 알았다
시는 공기 중으로 사라졌고
내 속은 자식 잃은 어미 가슴을 흉내 내다가
겨우 스무 해 만에 아물었다

자라는 것들의 기억

시간이 자라는 것이 보여서
시간을 재촉하지 않기로 했다지만

그리움이 자라는 것은 일찌감치 알았어도
떼어낼 수 없는 핏줄처럼 생명 하나
또 한 계절 살았구나

기억이 남아 있다는 과거의 것이고
최근의 기억은 생각 한두 번 안 하면 구름마냥 흩어진다

또 뭐가 있나 생각해 보니
노을을 더 좋아한다는 것만은 매일매일 자라서 다행이라
이러다 나이 들어 산 노을 되는 건 무조건 쉽지 않을까?

갑질의 본질

신이 없는 세상인가?
사람들의 혀끝에서 이용당하고 밀려나
머릿속에서 지워지는 세상
신은 어느덧 땅으로 내려온 지 너무 오래이고
치솟는 열기가 높이 더 높이 올라간
인간의 욕망을 바라본다
신을 섬기는 사람들의 전유물도 아닌데
무너져 가는 판잣집처럼
인정사정없이 외면하고 돌아가는 사람들이 무섭다
세상이 어느덧 신을 신어버렸을지도 모른다

모슬포 일몰

바다만큼 유연한 도화지가 없다
일몰이 시작되자
사람들의 눈망울이 반짝반짝 바다를 찌른다
바다로 빠져버린 태양의 뒤태가
황홀을 넘어 내 심장을 두드리고
저 해수면 위로 뜨겁고 붉은 물이 철썩이면
정화의 시간이요 적요의 물듦으로
다시 씻기는 우리는 자신을 보게 된다
여기에 무슨 욕심이 나 내 것이 필요한가?
언제나 목격담은 생생하고
우주의 시간은 소리 없이 공의롭다
무엇을 보았다고 해서가 아니라
이미 본 것은 다, 지나갔다
다시 보아도 놀라운 평화가 여기 있다

유적지에 비는 내리고

바람도 언 살을 베어 물고 지나가던 날
기억의 샘에서 선명한 눈매를 덮는 입김
나무는 겨울이 되어서야 가지에 근육을 풀고
늘어질 대로 늘어져 이리저리 삭풍을 흘려보냈다
한 사람이 멀쩡히 살다 간 자리를 둘러보다가
털썩, 깨닫고 만다
손때 묻은 것들이 조문객처럼 둘러앉아
눈자위를 반짝 굴린다
곧 홍매가 피어선 "우리 집에 차 마시러 와요" 하고
또 부르실 것 같아 뒤를 돌아 본다
비 한 방울 첨벙 떨어지는데 자배기가 먼저 알고 운다
이 일을 어쩌나 살다 간 자리마다
유서 같은 그림자들이 아직도 살아서 부른다

구름의 반전

당신의 삶이 돌고 돌아 만난
가장 기쁜 일이 슬픈 일이기도 할 때
작아진 자신을 줍는다는 말은
빈말 아니다

이렇게 했으면 좋았을 테니까
지금이라도 그렇게 살자로 마음먹으면
손도 기억하는 그날 온도와 호흡의 구음들

이제라도 구름을 흘려보내듯
순간을 담는 사진처럼 가식 없이 방류하는
낡은 후회는 접기로 한다

내 안의 나는 처음 그날도
구름을 핑계로 똑같이 말했을 것이다
"구름이 너를 닮았어"

파도 손

누가 먼저랄 것도 없지만
먼 곳에서 잠자던 파도를 바람이 당겨온 뒤
누가 나중이랄 것도 아니지만
바람은 밤새 파도를 넘고 또 넘었으리라

영혼이 있다는 귀함을 안 순간부터
육지와 바다는 공유하는 만큼 깊어지고
멀어진 만큼 바위처럼 엎드려 기도하듯
더 멀리서 불어오는 바람을 파도에 얹고
오래 안아주었구나!

바람이 지나간 곳에는 사람 닮은 꽃이 피고
파도가 달려온 백사장에는
아이들 발자국 따라 웃음꽃이 피고
어제처럼 오늘도 바람 끝을 넘는 파도는
우주가 살아있다는 표징이요 얼굴이더라

산안개

뒤척이는 몸의 신호에 눈이 떠지고
생각이 생각을 데리고 방 안을 순례하는 새벽
약해진 마음 때문인지 이내 지쳐버리는 생각들
아침 이슬 툭툭 떨어지는 소리만 듣다가
커튼을 열고 보이지 않는 세상을 고정시킨다
아득한 미궁의 산자락을 보고 있다가
수없이 반복된 경험이 가져와 준 안도일까?
한 겹 두 겹 서두르지 않고 벗겨지는
고요에 빠져버렸다
밤새 구절초 꽃망울을 적시고
하얗게 물러나는 약속들
느리면 느린 대로 마음이 먼저 알고
무심한 듯 몇 걸음씩 발등만 보고 걸어도
손 놓고 몇 날을 떠나가도 서운하단 말은
차마, 하지 못하겠다

산에 들리라

심산 해당화가 몰래 예쁠 때
천사의 그림자라도 흉내 내며 나비처럼 산에 들리라
지난, 겨울 들었던
누구의 애환 고통 갑옷 같던 무게를
아무도 모르게 벗어 놓고
벌들은 꽃잎 향기만 묻혀 오리라
그리고 몇 번의 긴 호흡에 전신이 나른해질 즈음
세상을 더 곱게 바라보고 살아갈 의지를 고쳐 입고
아주 천천히 산에서 내려가리라
발끝 닿는 데에 세상 얼굴 모두가 있더라

당신이라는 우주

한 번은 나를 바라보고 한 번은 구름을 본다
내가 보는 만큼 당신은 보이지 않고
당신이 찾을 때 나는 숨어서 운다
당신이 나를 볼 때는 아주 멀리서 보고
당신이 구름을 볼 때는 아주 가까이 흘러간다
이 놀라운 느낌을 숨길 수 없다
당신의 우주는 높이 더 높이 기다려 주고
세상에 작은 시인이 살아가는 날까지
지상의 꽃들은 피어나고
놀라운 향기로 기억하겠다

가을은 그렇다

가을엔 하늘도 땅으로 내려와 비단길이 된다 들판을 온몸에 두르고 산빛으로 머리를 감고 먹을 것 걱정 없이 길을 나서면 세상 사는 게 시름없어 무심히 허술하게 정신을 쉬게 하고 출렁이는 바다를 눈앞에 두고 앉아서 갈매기만 보아도 돌아올 땐 빈손이 아니더라 다시 올 거란 생각을 주워 담고 지나가는 가을, 그 여자가 산다

빈 하늘

 채우기 위해 날아가는 새 한 마리 잡아 그려 넣기보다는 시린 하늘 창에 나를 넣었다
 어쩐지 거무튀튀한 낯빛이 사라지고 만져지는 뺨이 낮달처럼 수줍다
 천연기념물은 곧 멸종위기라는 징조가 아니던가 나는 이 시대를 무턱대고 살아가진 않는다면서 아직도 채웠던 소유물에 눈길이 쏠린다 공空은 어디 가고 만조로 눌려 숨쉬기가 괴롭다 꾸미려던 어리석음이 무색하니 다시 나를 건져 올린다

제2부

잘라먹는 말들의 유골을 만나다

거북 등의 남자

선한 눈매를 타고난 남자와 처음 만난 날 결혼까지 사뿐히 생각해 봤어요 남자가 먼저 말을 했기 때문은 아니라고 했다 서른아홉 해 살았는데 그때보다 두 배는 처진 눈꼬리가 여자의 약한 심성을 삼킨다 컴퓨터 앞에서 산 세월은 진짜 거북이를 닮아가듯 느릿해진 뒷모습에 별수 없이 세월을 위안 삼아 남쪽을 바라보며 혼자 저녁을 먹는다고 했다 매일 기록하고 읽는 사람의 등은 여자보다 시를 더 잘 쓴다 당신이 있어 내가 산다고 말하자 긴 하루를 반듯하게 접고 곤한 잠이 여자를 보쌈하듯 안고 갔다

잘라먹는 말들

만사가 급한 사람은 자기만의 언어 회로도가 있거나 살아가는 방식이고 대처 능력이라 이해하면 그만 남의 말을 못 알아듣기는 마찬가지라 소통의 기울기가 불안정하다 못해 뚝뚝 잘라먹은 말들이 내게로 와서 체할 때도 있고 꿀꺽 삼켜버리고 깊은 숨 쉬고 푹 자고 나면 다음날이다 그러는 사이 나도 내 방식대로 말하는 게 더 많다를 알고 돌아보고 다시 말하는 연습으로 매일 살아갈 일인 것쯤의 이유 있는 반복

혼자라는 허구

무대에 혼자 서있는 배우처럼
인생 초보 같은 두려운 생각이 들 때
안개 속으로 자신을 밀어 넣지 말자

나의 안일과 흡족한 세계가
때로는 독이 되는 것과 함께
살아가다 시비에 걸려 넘어질 수 있다

너만 가진 단단한 사랑도
고삐를 풀어야 한다면
염려보다는 마땅히 지금일 게다

어리석은 한 우주가 뜯어지려고
밖에는 돌풍 같은 비바람이 사정없이
나뭇가지 흔들어 언 땅이 녹고 있다

쓰러지지 않는 법을 배우고
혼자는 혼자를 잊고 사는 샘 깊은 자리에
단 하나의 우주가 아니겠는가?

닿을 수 있는 것

내 곁에 아침 안개처럼 가득한 세상이 흘러간다
고였다가 뭉쳐지는 안개가 일순간 사라지면
다시 또렷해지는 애착들이 내 손목을 움켜잡는다
이제는 알 것 같다
혼자서도 멀리 갈 수 있다는 자신감에 도전
혼자 가야 하기 때문에 인생이란 굴곡을 지나온 것
닿아야 하는 것은 아주 멀리 있기에
언제인지 모를 시간을 향해 누구나 혼자서 가고 있다

서툰 분탕질

 무엇이든 누구든 달라지는 것을 느낄 때 정신이 번쩍 나지
 나이 드는 것도 제법 수련이 필요하고
 정신이 아름다워지려면 숙연한 시간이 많이 필요해
 입 속에서 나는 언어의 향기는 그 사람이 보이는 진리 값을 외면하면
 어리석은 삶의 흔적이 되지
 얼마 전 내 입술이 열리며 생각 없이 흘러 나간 말들을 지워내기 바빴어
 가령, '시'라는 영화의 유명 여배우가 치매로 떠났다는 소식에
 내 시 속에 힘이 들어갔는지 반성 중이야
 잘난 것도 없으면서 시에다 온통 분탕질을 한 건 아닌지
 시 밥을 잘 지어 먹고 살아야 하는데 나를 사랑하는 일이 서툴러
 급히 먹고 꼭 체하는 일이 부지기수야

가끔이란 말이 좋다

가끔은 보고 싶은 얼굴들이 떠오르고
가끔은 내가 보고 싶다며
안부를 물어오는 지인들이 고맙다
아무리 좋아하는 꽃도
1년 내내 피어있으면 당연하거나
무감해질 게 분명하다
나는 점점 가끔인 사람이 되고 싶어
스스로 산자락에 누워 소식 없이 지낸다
낮에는 곤줄박이 새참 먹듯 꽃 뜰을 휘젓고
고개 숙인 꽃들의 웃음이 쏟아지면 그저 웃는다
모두 나를 알아보니 나보다 한 수 위
얇게 햇살이 번지고 뜰 너머 마을까지 평화롭게 푸르다

와글와글

소음의 경계에 사람이 있다
가장 큰 공해는 끼어 있을 수 있는 처지가
나를 정박하고 해체하며 말도 안 되는
무게로 고립시키기까지
수식의 난입을 막는 수련이 필요하다

세상을 애써 다시 배울 이유는 솔깃하지 않다
세상에 내가 묻어갈 구차한 이유도 없지만
세상만큼 솔깃한 호의도 없다는 걸 알았다

눈뜨면 쏟아지는 언어의 홍수에 떠밀리지 않으려
나만의 방주에 들어간다
나 하나 이러고 산다고 새봄이 더디, 오겠는가
배짱이 느는 듯, 우주 속을 회전하는 시간이 달달하다

에고의 객관화

뜰에 자랑거리였는데 어느 날 사라진 자운영을 보고도 멀쩡히 이름이 떠오르지 않아 입술만 실룩거리다가 간신히 번개 치듯 생각났지만 남의 집 대문 앞에 선 듯 기쁘지 않았다 에고 내가 나를 속이는구나! 타이르고 타일러도 이런 일 여름날 수박 겉핥기 하여 갈증 나듯 빈번하다 내일은 각자의 뇌에서 무슨 일이 일어날지 모르니 그때 당신도 당황하지 말고 궁금하지만, 찐 계란에 소금 찍어 먹는다고 그저 조금씩 인정하기로 하면 어떨까요?

변명

살기 위해 물 수밖에 없었던
푸른 물고기 입을 관통한 미늘의 반짝임을
한쪽 눈 가리고
몇 발자국 뒤에서 힐끔, 보았다

일생 너로 인해 아팠지만
너로 인해 웃음도 알았다는
어부의 운명 같은 미늘의 끝은 물면 물수록
빠져나올 수 없기에 솔깃한 유혹이다

한 번의 생은 미욱하게도 많이 와버려
헛손질뿐인 바다로 유영하는 목숨들
두 번의 생을 만난다 해도 엉거주춤하다
떠날지도 모르겠다는 야속한 절망

알고 가는 길이라 해도
섣부른 오늘인 줄 차마, 몰랐다

어쩌면 한 바퀴 도는 사이가
만별 곡, 저녁노을 길인 것도 미처, 몰랐다

둘 중 하나

두렵지 않게 살기란 어느 쪽 하나로
스며들 때일까? 현실이 몽롱해질 때일까?
매일 달라지는 선택지에 답도 없는 문제들

어둠도 빛도 내가 입는 옷처럼 편안하더니
묻어나는 일은 남을 평가하고 돌아서고
혼자 남아 아니겠지 한다

나를 근심시키는 일이
덤으로 생기기도 하여
차라리 스며들기로 기울면
있어도 없는 듯 속 편히, 흘러갔다

시의 마법에 걸리지 않았다면
더 오래 창백했을 내 얼굴마저
여름날을 향해 착색을 물리치고

꽃가지를 흔드는 건 스며드는 일
자꾸만 짙어가는 저 숲속으로
무한정 파고들고 싶었던 어제까지
모두 품고 사는 일이다

비장

아침마다 바이올린 선율이
나를 데리고 산을 넘더라

산을 바라보면 어깨가 반듯해지고
가슴으로 스미는 찬 공기 따라
와인 향이 나는 날들

한 해가 갔다고 해서 내일이 없던가
산 날만큼 기적이 쌓여가고

사람들이 고된 몸을 누이러 가는 시간
이제 가볍고 허술한 것은 세상에 없다

그들의 심장이
그들의 희망이 새롭다는 것을 알겠다
이 거룩한 다짐이 붉은 해를 입는다

단면의 도식

단적으로 말하기 있기? 없기?
없기.
단층으로 잘라서 보기 있기? 없기?
있기.
맘 가는 대로 절취선을 정하고 네 마음이
내 마음과 같게 자르기를 바라고 산 것 아닐까?
가끔, 이런 혼란에 빠지면
종이 한 장 접어보며 다시금 순하디, 순한
본심과 화해하게 된다
어렵지 않으나 전적으로 되지 않을 때
누구나 속이 보이는 단면을 노출시킨다
어리석어 보여도 얼마나 확실한 속내인지
등골이 후련하다

날개 달린 부츠

 메두샤의 머리가 필요 없는 내가
 어느 날 간절히 원하고 있었지
 아프고 시린 발목에 저것만 신으면 지치지 않고
 세상 범람을 이기며 살 거란 억지 때문이었을까?
 스스로 날개 달린 말馬이 필요하지 않아서 잊게 된 이름 페가소스까지
 신들의 사생활은 늦은 밤까지 계속되었는데
 안드로메다에 있는 막대 나선형 그 이름 하나만 들어도 나는 살았구나 싶었던 늙은 발가락의 휴식 시간 힘 빠진 발목을 조금 넘은 앵클 부츠 하나 새로 산 그 날 밤인가?
 꿈을 꾸듯 헤르메스의 부츠에 홀려 내 영혼은 정령을 부추기며 밤새 걸었지
 우주에서만큼은 날다 떨어지지 않으려
 어지간히 마셨던 헛물까지
 때가 되면 제대로 버리고 갈 수 있겠지?

허물의 소란

이럴 줄 알았다고 말하지 마라
이럴 줄 안 지 얼마나 되었다고
남의 속을 뒤집고
쉽사리 생각 없이 흔드는지
어떤 다짐도 자신의 입 밖으로 내지 마라
붉은 혀가 말리듯 원하지 않은 일까지
뒤엉켜 올 때가 있다
이건 내가 잘한 일이고
저건 당신이 무관심해서 망친 일이라
판가름하지도 마라
혹여, 그런 집착 같은 결말이 생을 끌고 가지 않도록
자신을 붙잡고 담대히 살아가라
곧 너의 저녁이다

엄마표 국간장

생산년도 2005년 봄
생산자 평생 엄마
조리 방법 국이나 찌개 나물 등에 사용
유통기한 다 먹을 때까지
가격 책정 불가로 평생 판 적 없음
2009년 어느 봄날 생산 종료
친정엄마는 셋째 딸을 향해 힘겹게 말씀하셨다
"마지막 고추장이니 엄마 생각하며 먹어라
국간장까지 함께 가져가라 내 손으로 담을 수가 없구나" 하셨다
그해 11월 끝자락 느닷없이 나는, 엄마 없는 아이가 되었다
엄마와의 이별의 고통은 세상에서 만난 가장 큰 슬픔이고 아픔이었다
엄마 떠나신 지 열여섯 해 아직 국간장은 엄마의 혈액처럼 끈적하게 남아있다

겨우내 국간장을 아껴 넣고
돌미역국을 끓여 먹는데
내가 우는 걸 눈치챘는지 미역국이 펄펄 잘도 　끓었다
식탁에 앉은 두 사람은 각자 자기 엄마 생각하느라 다 먹도록 아무런 말이 없었다

해명의 이유

또 다른 서식지를 찾기라도 하듯
태풍의 눈은 매섭게 부릅뜨고 올라와
몇 겹의 정글을 한 시절로
삼키는가

잔인한 입술이 쏟아 내는 모음과 자음
뒤섞인 합성어에 휘감기는 비애가
어젯밤 한 인간의 살점을 파먹기에 충분했을까

한때는 이유 같은 이유만 열거했을
적나라한 열망도 식어버리고 부유물만 가득한 연못엔
수초마저 자라지 않아 궁창은 드러났다

갈등은 언제나 또 다른 해명을 직조하는 이유가 되듯
남은 이해하지 않으려는 자기변명이 강한 사람의
혀는 사계절 무섭게 자라더라

예감

풀어놓은 끈처럼 놓쳐버린 풍선처럼
허당의 목록은 허겁지겁
허당이란 페이지로 돌아가는 걸까
무명으로 산 지문 같은 자리에 꽃이 피면
뭍에선 간절한 안부가 망개처럼 익어갈 테지

눈앞에서 파도 자락에 발목을 적신 수녀처럼
펄쩍 뛰다가도 웃을 수 있는 얼굴이면
파도가 몸을 뒤집는 곡예로
오랫동안 행복하지 않을지
뭍에선 하늘빛이 묵은 마음 씻기우며
자꾸만 봄날이 오고 있겠다

백운을 넘다

 목적지를 향해 간다고 떠나는 날
 그리운 혈육이 사는 곳에
 내 유년의 봄날도 박제된 문을 열고 나와
 기다린다
 구름고개 무중력으로 누워있다가 다 넘어온 줄도
몰랐다

 누구나 왜곡된 기억은 이따금 없던 상처가 되어 돌
아온다
 나는 그것만은 싫었는지 기억에 못이 없다
 사는 동안 자꾸만 박아놓지 않으려 무던히 기억을
다듬었으니
 혹여 이제 와서 나를 흔드는 그것, 하얀 구름의 원
형이 지우고 갔다
 아직도 오물거리고 싶은 뾰족한 심사까지 깊은 골
을 지나갔다

나 이런 사람이에요

선택적 맹인이면 어떤가?
입만 잘 다물고 서 있으면 모를 일
많은 걸 보고 싶지 않을 때
떠오르는 말이다

보이면 각을 세워
보게 되고
들리면 혀를 굴려 말하게 된다
나는 없고 너도 없는 텅 빈 허세

그게 사람인 것을 부인해 봐야
거기까지지만
가끔은 친구를 기다리듯
청명한 무풍으로 있고 싶다

나랑 놀아요

1.
창밖을 보다가 창가에 놓아둔
촛대랑 책이랑 뒤적거려요
빗방울 줄긋기에 동공이 풀리는 날이네요
크로쉐는 투스카나레이스로 깔아줘요
꽃을 든 소녀는 왼쪽 창가로 옮겼어요
음악은 쇼팽의 퓨렐뉴드로 골랐더니
오늘은 비가 오니 잘 어울려요
흙냄새가 살짝 나는 테라로사 커피를
따끈하게 내릴게요
나뭇가지에서 잎발톱이 길어지고
손톱꽃이 피네요
처녀치마 깡총거리면 어쩌면 좋아요
친구 오면 된 자랑 실컷 해야겠어요

2.
여름 지나 가을 오면 우린 어떤 빛깔로 물들까요?

친구에게도 물어보고 혈육에게도 물어본 말
나와 함께 사는 그에게
넌지시 묻고 다지며 살고 있어요
뜰 없이 살기란 참으로 허전할 게 분명한데
이 가을이 쓸쓸한 게 아니라
뜰을 떠난다는 게 쓸쓸해요
그러니 일생 물 있는 골짜기로 와
노는 다람쥐가 되어 주세요

순례를 마친 후

지난해 세상의 모든 숨소리와 작별하고
천상 세계로 떠나신 노시인의 유고 시집
하필이면 눈 오는 날 저녁에 읽었다
그래서 더 아련하게 녹아든 걸까?
눈 녹듯 사라지는 세상의 현란함까지
무욕의 향기에 빠져 한 편 한 편 걸었다
시인은 가고 시집만 남는 그 애절한 생이라니
나 억지로 억지로 시를 붙잡고 살지 말아야지
눈이 오면 눈을 보고
비가 오면 빗소리를 들을 만큼 착해진 나를
허투루 여기지 않기로 한다
죽는 날을 위해 나도 모를 짐 덩이를 하나, 둘
저 멀리 치우기로 한다

무죄

우리는 가을입니다
낙엽이 두렵지 않은 가을 나무의 몸뚱이입니다
그 속에서 떨어져 나온 나는 짧은 시 한 줄뿐입니다

우리는 물입니다
흘러서 흘러온 다시 흘러가는 자유로운 강물입니다
끝내 마르지 않는 바닷물의 처음입니다

하늘을 사랑한 우리는 자녀별입니다
같은 곳을 바라본 흰 꽃의 사람입니다
죽는 날까지 써 내려갈 시의 문장입니다

서늘함에 대하여

어느 순간 부정적인 것을 압도하여
즐기는 힘이 생겼다
넉살은 아닌데 점점 승부욕처럼
입을 꽉 다문 채 통쾌한 경로로
서늘한 바람
서늘한 사람
서늘한 침대
서늘한 등골까지
다 점령해 버린 나는 특전사가 아닌가?
계급장 떼고 나이도 숨기고
마치 내가 이길 수 있도록 훈련된 것은
은둔의 기질 때문
하지만 세상 그 누구도 이기고 싶지 않았다
싸운 적이 없는데 가끔은 상상만으로도
치열한 승전보를 들고 달린다
얼마나 다행인지
정신 차린 후 하늘은 쏟아질 듯 샛노랗게 이울어

가장 내가 잘 보이는 시간이다
나를 볼 수 있게 똑바로 누인다
내가 문득, 소리도 없이 죽어 있다

그리운 것들의 세모

세글자 속에 끼어 어른거리는 나를 보았다
아득한 꿈을 꾸고 일으킨 젖은 몸에서
새벽 냄새가 달다
세글자를 삼각형으로 이어놓고
영영 그리워하게 될지도 모르는
하루치 작은 일들 앞에
소홀히 넘어가지 말 것과 약속하기
내가 없으면 이 칼칼한 공기는 맡을 수 없는 것
잊지 말자고 꼭짓점으로 가기 위해
양쪽을 바라보다 다시 가운데를 지나 위쪽을 본다

제3부

쉼표하나 내려놓는 가을이란 부제

결점의 빙산

생에 고랑이 없었다면
무결점과 만나지 못했으리라
나를 아프게 한 것도
나보다 잘났다는 것도
내가 결점을 자랑한 까닭이다

땅에서 올려다본 빙산은 눈부셨다
오르고 싶을 만큼 올라오라고 유혹했지만
거기는 내가 살 곳이 아니었기에
뱃속이 얼고 한겨울에도 장염에 걸렸다

흰 것으로 덮여 있다고
순수한 것은 더더욱 아니었다
자신만의 온도로 주변을 녹이고 살면 따뜻한 것
빙산은 땅보다 자비에 무디어서
발끝이 잘려 나가는 고통의 얼음산

눈에 보이는 것이 전부가 된 세상에서
그 무엇도 그 누구의 잘못도 아닌 체
결정이 결점이 되는 순간까지
생에 휘어짐이 거기로 대책 없이 끌고 갔다

속앓이

무얼까? 처음엔 주시는 대로
황금옷을 번쩍 입고
만방에 나아가 바라보기로 했다
한동안 속상한 일도 다 지우고
아무런 파열음도 끼얹을 사심 없으니
무어라 부르지 말자 했다
잠시 찾아온 세상으로 공중으로 쏟아진 빛의 민낯이 뿌려진다
그 절정은 음표처럼 떠다니는데
비 개인 자리마다 가난하지 못한 세상 때를
벗겨내는 양심들
당겨오는 미욱함은 아직도 뿌리가 산발인 채 흐낀다
이 저녁 누가 값없이 어둠을 만찬인 양 뿌리는가
이건 넋두리일까 사유일까?
가던 길 아무리 다시 가본들 그것이 처음이란 변명으로 들리듯

우주의 속앓이는 침묵만을 순산하지만
다시 가본다고 못 본 것을 보는 건 또다시
아닐 것이다

피정

 간절하지 않은 것이 온몸에 달라붙어
 뇌세포를 늙게 하거나 안구를 괴롭힐 때
 돌아앉아 간신히 숨 쉬는 내가 보인다
 배론 골짜기에 와서 우린 같은 말을 했다
 여기 오니 피곤함이 없고 눈에 차오르는 것도 많지 않아
 손 갈 것도 없이 그저 나에게 집중하는 친절이 심신에 녹아 들어가는 고요
 세상 것 다 놓고 천국으로 가신 분 이야기를 듣고 더 확실해졌다
 무심해지리라 너에게도 나에게도 진정 나도 없고 너도 없는 것이
 간절해지도록 별 하나씩만 헤아리다가 잠들고 싶다

쉼표 하나

무심하면서 무탈한 지극함에 대하여 풀밭에 쉼표 하나 찍으며 꽃밭으로 만들어 놓고 살았다 허리가 휠 만큼 꽃 대궁을 자르고 나르는 수고는 살만한 아우성이었고 살아가는 힘의 숨소리기도 했다 차츰 나이 들고 꽃 무게가 그리 무거운 걸 늦게 알았어도 꽃사랑은 변하지 않았으니 내 생은 온통 꽃 짐이다

아찔한 유혹

다시는 내려가지 않을 사람처럼
산을 오른 적도 있었다

다시는 오르지 않을 사람처럼
달려 내려간 적도 있었다

이 두 가지를 애써 그만두었는데
다시 오르려 무릎을 세운다

낭떠러지기뿐인 곳을
언제 다 오르려고

두 무릎이 꺾인 내게
마지막 카드를 가져오라 하는지

주머니 속에 있는 허심도 버리고
여기까지 걸어온 내가 아닌가?

혼자 하는 내 말

 시간이 흐를수록 또렷해지는 한 줄의 말이
 뽀얀 이불 홑청도 아닌데 눈 앞에 착착 걸린다
 "익은 밥이 다시 설더냐?"
 이런 식의 말들이 내 까슬거리는 입안을 휑하니 돌다 나간다
 낙엽이 지들끼리 몰려다니다 양지에서 내가 오길 기다렸나 포개어 졸고 있다
 사람이 지나가는 낡은 소리가 크게 들려서 더 은근한 늦가을
 어쩌면 낙엽이 내는 음가에 빠지고 싶어 이러고 살았나 보다
 어깨에 올라앉은 저녁 햇살 한 짐 지고 이 계절이 무탈하길 중얼거린다

매듭

 같은 말을 놓고 생각하게 하는 말
 짓다와 풀다 사이에서
 웃지 못할 세상사를 풀다 보면
 가슴 아픈 혈흔들이 염증처럼 돋아난다
 누구는 무너진 콘크리트 벽에서 생을 마감하고
 어떤 이는 다른 이를 구하고 화염에 휘말려
 집으로 퇴근할 시간이 정지되었다
 자신이 태어나던 날을 본 사람이 단, 한 사람도 없
으나
 마지막 떠나는 날은 그 느닷없는 사건 앞에서 실감
하는 이들이 많다
 무엇을 위해 우리는 사는지 알면서도 가끔 휘청이
는 세상에 봉변 당한다
 오늘도 당신의 무사 귀환을 기도하며
 풀 수도 있고 묶을 수도 있는 이 말을 잡고 생각하
는 시간
 동터 오는 하늘 아래, 같이 먹던 뜨끈한 곰치국은
왜 절로 생각나는지

감히 아마도

아마도 버릴 것들 속에 나를 끼워야 하는 건지
먹먹한 아침을 뒤적이다
흔들의자에 인형처럼 앉았다
나마저 나를 오늘처럼 눈치 보긴 드문 일
가늘어진 머리카락처럼 픽픽 끊어지는
감정선에 눈가가 화끈거린다
아마도 엊저녁 끝 기도가 따스하지 못했으며
배부른 하소연에 밤잠이 편안하지 않아
생각과 말이 반대로 나가버리니
가슴이 막히고 언덕 숨이 차 오른다
나를 통제하는 생각과 말이 거꾸로 나가 질식 중인데
아마도 오랜 버릇 하나 손에 쥐고
몇 시간 털고 와야 하나 보다

고택의 눈

고택이 보이면 들어가고 싶어
누가 안에 있나?
대문 앞에 선다

문살에서 느껴지는 네모난 이야기들이
삽시간에 동무하고
네모난 방안에 둘러앉는다

뒤뜰을 내다보는 창으로
졸 다 깬 백일홍 한 송이 또 한 송이
늘 아늑한 풍경의 여지

지나가는 사람들까지
큼지막하게 걸어두고
대청마루에서 여독을 지운다

애써 채울 필요가 없는 저 경계와
덜컹거리지 않는 고요마저 삼킨 체
내가 살아서 보고 있다

벼 이삭

계절을 추모하듯 벼 이삭이 익어가며 내는
구수한 바람 소리를 듣는다
마치 벼포기가 서로를 안부하듯
자아내는 바람의 여음을 눈으로도 마주하듯

나는 아주 천천히 겨울로 가려 하나
저 황금으로 영그는 벼 이삭 같은
꽉 찬 마음을 가눌 길이 없다
그냥 얼마간은 말없이 서서 톡톡 익어가고 싶다

자문자답 편

불태워 본 적 있나요?
아니요
한 번도 없었답니다
생이 뜨겁지 않았나요?
어떤 일에도 혼신을 다, 한 적 없습니다
그렇다 한들 허술하게 산 것도 아닙니다
기죽지 않고 산 비결이 있나요?
뛰어다니지 않았던 것이지
내 발로 다닌 건 순전히 참말입니다
자존의 힘은 어디서 나왔나요?
막말이나 언어의 칼이 없습니다
열정이 없었던 건 성격 탓이지
식어버린 정신 탓이 아닐 겁니다
그러니 다시 은근한 끈기로 살아가려 합니다
어느새 잎새들이 툭툭 떨어지네요
나무도 한 계절 쉬고 싶은 가을인가 봐요

오름에 끌린 여자

 억새를 보러 갔다고 쉽사리 말하지 못한 건 나답다는 말과 같은 거였구나
 아끈다랑쉬오름에서 내가 본 것을 말하긴 아직 이른 나이라면 노을을 빌려 노을을 말한 것까지 내 시가 되어 줄 게 분명하다

 저 식물체의 머릿결을 비단 천이라 말하고 싶은 걸 참을 수 없어 무한정 흔들리다 반란군처럼 내려왔다 빼곡히 서 있는 억새를 스쳐 가며 지나온 계절을 털어내다가 하늘 한번 올려다보니 제주 바다가 우주 끝까지 떠, 있다

표백의 시간

 실제로 화학적 성분의 물질을 가하여 오염을 지우는 것을 싫어하는 그녀
 일상을 들키기 싫어 변명이라도 하는 줄 알았다가 뒷걸음질 쳤던 몇 사람
 그녀가 아무런 것도 타지 않고 부어준 말에서
 이끼 향이 나는 청평사 계곡을 누비고 왔다가 내려가는 내내 발가락이 따뜻했다
 그녀는 자신이 얼마나 자연스런 시간에 빠져버린 사람인지 잘 아는 것 같은데
 자꾸만 뒤처지는 속도를 감지한 듯 지나가는 다람쥐만 보고 섰다
 어쩌면 고맙게도 그녀의 시간은 점점 푸르름, 선명해질지도 모른다

저곳에 닿을 수 있게

한번은 기대해 보기로 했으니 시작한 일
함께 걸으니 길이 되어 여기까지 오래오래
같은 노래를 반복하며
깊고 맑은 곳으로 옮아 온 시간의 순례
사람이 품은 마음자리로 가는 외침 소리
아무리 책 속에서 성인을 만나도
살아내며 넘고 닦아야 할 것들이 즐비하기 마련
세월 수가 어디로 데려가던 사랑의 정원 만들기
꽃마차 밀고 가는 꽃이름으로 남기

파란 꽃

노발리스가 사랑한 이후부터
내게 닿기까지라고 할게요
감성이 오성을 지난 후
마음눈으로만 볼 수 있는 그 꽃
나는 끌린 듯 이끌린 듯 블루프록스와 쉴라,
블루 델피늄을 심어 놓고
히아신스도 블루빛을 심고 수국도
제주 바다색 푹 담근 듯한
블루수국을 좋아해요
그러고 보니 원피스는 파란 꽃 온통을
여태 못 입어봤네요
이른 봄부터 파란 꽃의 무한 속으로 떠나는 길이에요
같이 가보실래요?

삭제하고 나가기

단절을 피하기 위해
오히려 할 수 있는 유일한 반전과 버전
점점 실망하지 않기 위해 보호하는 방법이자 수단
소음이 싫어서 무음을 택해 놓고도
늘 망설였던 무형의 공간
문자와 영상이 난무하는 세상에 끼어 일조를 한다
책장을 넘기는 시간 속으로 들어가기 위해
누른 글자가 선명하게 나를 꺼내 주기도 하지만
이제 내가 나온 세상에 마음 쓰지 않고
따뜻한 등을 내어준 마음과 언 손을 녹여주는
웃음의 사람들
닮고 또 나누며 살아갈 일만 꾹, 눌러 저장한다

꿈길을 갑니다

가지 않은 길이 내게도 있습니다
로버트 푸르스트가 죽고 그해 내가 태어났습니다

나는 일생 가지 않은 길 때문에 살고 있습니다
살아보니 알게 됩니다

길이라고 다 가볼 이유가 없다는 것까지 내 길입니다
가지 않은 길이 나를 이끄는 힘에 의지하여
들꽃처럼 걷게 됩니다

내려앉은 낙엽도 밟으면서 지는 꽃도 보듬으며
잃어버린 시간이 아닌 저 먼 길을 위안으로 봅니다

풀잎 하나

애들아! 부르면 토분에 잠자던 무늬병풀도 길게 제 몸을 늘어뜨려 토분을 넘어 오는데 이 봄, 다 가도록 새소리만 낭랑할 뿐 익어가는 딸기만 쪼아먹고 갈 뿐 서툰 마음이 부서지는 건, 누구 탓도 아니었다 오늘 비를 기다리는 마음은 습관이 된 바람이고 끝내 비는 오지 않을 것이다 다음 생에 다시 돌아오지 않을 세상에 밤을 기다려 손을 모으고 기도해야겠다 여기 산골에 살고 있는 기다림 하나가 작은 풀잎 되어 살았다는 이야기 하나

고심의 끝

기다림을 배우지 못한 까닭이다
햇살을 받을 때
조연에서 주연이 되는 법이다
창작이 그럴진대
모두가 쉽게 갈 수 있었다면
나는 가지 않았을 것이다
인생이 되어버린 이 길에서
노을을 만진다
손바닥만 한 풍경 하나 등 뒤에 걸어 놓고도
세상이 다 내 것인 것이 싱겁지 않다
두려움이 있다면 넘치는 감사가 또한 내 것인 까닭이다

금어기

논란을 뒤집기로 작정한 뒤로
바다가 물밑으로 살이 찌기를
몇 달이고 기다렸다
내장까지 다 보여줄 수 없는 물고기는
짠물을 싫어했지만 들이키고 뱉어내며
거친 호흡에 단단해진 비늘은
끝까지 살점을 보호했기에
누구도 방어기제 없는 시간이라
얕은 머리로 판단하면
마침내 다 키운 물고기를 놓치는 일이다

선을 넘는 일

지평선 너머 한 마리 새처럼
떠나온 곳으로 돌아갈 짐을 꾸린다
돌아갈 때는 더 천천히
최소의 짐을 꾸리기로 한다

수평선 밖으로 밀어낸 세상도
어렴풋이 당겨오며 어쩌지 못한
생각과 함께 오메기 떡고물 굴려 가듯
돌아갈 것이다
물 밖의 나와 물 안의 내가 화해하는 일만
남았다

마른 잎을 돌돌 말아
제 살 집을 짓는 텃새처럼
다시 시작되는 삶이라 믿고
나는 돌아간다
파도에 등 떠밀려 큰 배 타고 돌아간다

관성

습관이 키운 탄력적 반응 앞에
몸을 움츠린다

빠르게 걷지 않아도 되고
달리지 않아도 되는 반응

깊은 통증을 참지 않으려
약을 먹기로 한 이상 무디어진 탄력

공포를 딛고 척추를 세우고 일어서자
잃었던 활기를 되찾아 가던 길 가는 거다

사막에 가요

남아프리카 나미비아를 떠올리며
밤하늘을 탐한다
사막 어디쯤에서 모래바람을 만나
붉은 사구 언저리를 걷는 상상을 다시 해 보는 침묵
염소를 키우며 거친 야생의 삶을
순순하게 사는 사람들
한번은 힘바족이 사는 마을로 들어가
염소똥에 미끄러지던
그 해맑은 낯빛을 보고 싶다
별 뜨고 달뜨는 그곳의 밤하늘을 덮고 자다가
제대로 된 시먹거리에 잡혀 살고도 싶다

제4부

등대의 꿈 이야기를 들어 주기로 해요

길어질 것 같은 말

 손이 무겁다는 사실을 안 것은 자동기술법이다
 아직 생은 자신이 쥐고 있는 무게를 감지하기엔 벅차 오늘
 감정은 무게를 달 수도 느낄 수도 없게 이미 어제를 건넜다
 눈치를 보거나 자로 잰 듯 살지 않아서 모르는 것이지
 바보가 되고 싶지는 않았을 테지
 하룻밤 자고 나면 피터 팬 코처럼 길어지는 변명 따위에 눌려
 앞산이 흐린 것도 이미 변명의 시작이 된다
 너는 너의 길을 구절양장으로 가고
 나는 나의 벽을 철옹성같이 쌓으리라 해도
 끝자락은 침 흘리며 우리를 삼키려 매일 기다린다

메시지 전달법

 일방적 지시어를 쓰지 않으려 구겨진 마음 한 장 한 장 펴고 상한 마음 새롭게 던져진 과제라고 하자 너에게 내가 원하는 대로 행동해 주길 바랐던 때도 있었지만 여전히 정지된 입장에서 마음의 핵심을 제시해 볼까 해

 원심을 벗어나 헛도는 너의 세계는 삭제하지 않고 내 등을 떠미는 말에 속이 상했거든 기대하지 않는 건 내가 기다린 대답이 아니라 출몰된 시간을 살아온 내가 이미 떠났다고 말할 게 멀리 왔지만 낫지 않는 굳은 마음뿐이어도 온 산에 산벚나무가 목숨 걸고 흐느껴 피었구나

시 홀릭

눈뜨면 그래, 약 먹듯 쓰고 있네
눈감는 순간에도 쓰다가 흐뭇 자버리는 갈망
외로워서 쓴 건 아니고
내 속에 나와 만나는 익숙한 시간이었지
답답하다는 생각보다는
내 안에 나와 여러 날, 화해했어
내게 찾아와 친구가 되어 준 네가 없었다면
나는 지독히도 가난했을 테지
신경을 누르고 산 탈출된 디스크가 아니었다면
그토록 오랜 시간을 녹여 이만큼 간절했을까?
그래, 살리기 위해 나의 거울이 되어 주었구나!
그분을 만나러 하늘로 이적하는 그날까지
시 먹다 갈 테니까

겸허를 배우다

 어느 날 스투파 옆에 핀 꽃으로부터 한 수 배웠다
 자신을 드러내야 비로소 꽃이 된다는 것을
 무엇을 드러내야 내가 된다는 것인지 딱 걸리고 말았다
 수 없이 꽃만 바라보고 있는데 꽃이 고개를 먼저 숙였다
 그렇구나! 나도 얼른 고개를 숙여 부끄러운 내 얼굴을 가리기로 했다
 그냥 죽자고 살아보자

남이섬

첫눈 온 날 갈 거라고 잊혀질 만큼
이 말을 풍경이 지나가듯 믿어주면
그 사람은 어떤 책 속의 귀한 말을 담고 사는
사람처럼 두둑하겠다
남이섬에 와서 알았다
희야랑 둘이 스무 살의 추억을 남기느라
사진 찍고 간 자리에
육십 초반이 된 내가 다시 와 보니
매일 매 순간 똑같은 일이 일어나고 있다는 사실은
북유럽 신화 속 토르와 오딘이 따로 없다는 착각에
정지했다
메타세콰이어 길에서 겨울연가 연인처럼
뛸 수 없을 때가 올 것 같아 용기 내어 뛰었다
운명의 여신이 보고 있기를 바라며
다시 올 수 있겠다는 착각은 덤으로 몰래 묻어 왔다

반복

　지배자를 피해 온 것 같은 일과를 내려놓고 뻣뻣한 몸을 누인다
　오만을 재우고 전투적 세상 언어의 폭력에도 귀를 막고
　죽은 듯 누워서 이글거리던 태양도 마침내 식히고
　무채색으로 창호지 같은 의식의 끝자락만 쥐고 눈을 감았다
　내가 나를 놓는 순간이 가장 나답다는 것을 겨우 알았는데 끝이 보인다

은월

마른 눈으로 보아야 네가 보인다
그럴 때 어느새 손가락이
부스스 너를 만진다

젖은 눈으로 보아야 네가 보인다
어쩌면 이미 손가락을 벗어나
툭, 내려앉기도 하는 너를 줍는다

맑게 씻긴 달이 겨울잠을 깨고
새끼손가락을 지나
다시 봄 여행을 떠나려는가 보다

뽀얗게 잠자고 난 아가의 얼굴처럼
떨어진 하엽 위로 반짝이는 우단 자락이
꿈틀거린다

누가 살길래

마당 깊은 집을 지날 때면 누가 살까?
궁금해 가던 길 잊고 참새처럼 둘러보다가
텃새처럼 그늘에 앉아 기다려 보기로 한다
누군가 나와서 계곡 물소리 같은 말씨로
눈인사라도 건넬지 모른다고 착각했나 보다
오늘도 상원사 골짜기엔 새소리만 가득하고
인적은 보이지 않아 분홍색 말발도리만
저 혼자 피었다 지는 걸 갸웃갸웃 보고 간다

틈의 변론

장마가 쉬는 틈에도
눅눅해진 심장 소리에 무거워진 건
사명을 다했는지
뒤집어진 산목련 헛꽃이 눈을 찔렀기 때문이다
여러 날 수도하듯 온 비를 치러내느라
두 번의 피신은 처음 해 본 일에
나약과 허약을 들이킨 건지 자문하기도 했다
불빛을 밝히며 앞서지 못한 계곡 물소리는
산 아래 가득 차 안부를 못했지만 다행히
여물어 가던 키 큰 옥수수도 별 탈 없이 서 있고
우리 마을은 대차게 잘 지나갔다

불꽃 사람

담장 아래 소롯이 핀 봉숭아를 보는데
나는 당신이 보입니다
"아이 씨 유"
누군가의 뒷모습이 보이기 시작하면
사랑이 시작된 것입니다
이 말은 도무지 슬프지가 않습니다
사랑은 그 사람의 앞모습이 아니라
기울어진 어깨 너머로 와서 단단해집니다

그릇

뭐 큰 차이 있을라고?
웃음이 담겨지면 행복까지 따라오고
불안이 담겨지면 인고가 새겨지지
거기에 한 끼 밥과 국 반찬을 담아
육을 살아내면 그게, 최소의 하루살이 인생이야
푸른 날개들이 푸드덕거리다
한 뼘씩 목을 빼고 달리기를 하자
어디에 닿을지 서로 묻지 않기로 한
저 손짓들이 젖는 저녁까지
헛된 바람을 버리고 나서야 남겨지는 너
문득, 기절하는 순간이 오고 있다

선심 혹은 변명

날마다 문제 안에 있는
답을 꺼내 오기 싫다
가끔은 더 미욱하게 정신을 재우고
손끝도 접고, 늘어져
눈만 깜박거리다
저녁을 맞고 싶다
내가 지킨 것들이 나를 지켜줄 테니
오늘은 마른, 하늘에 번개 맞은 날이다

등대의 꿈

수직으로 떨어질 거란
공식적 불안감이 아니라
터무니없이 솟구치는
막연한 열망이 아니라
가끔은 비처럼 경계를 지우며
쏟아지고 싶었으리라

낮이든 밤이든 어색한
구별을 삼키고 기다리고 있다가
배는 먼바다에서 너를 찾아
무사히 돌아올 수 있었지

키 크고 싶은 날들의 오랜 꿈을 매달고
나이도 던지고 세월도 묶어두고
오르고 싶은 산을 손바닥에 올려놓고
불빛을 발하는 우직한 날개의 밤

청보리밭

 푸른 날개들이 푸드덕거리다 한 뼘씩 목을 빼고 달리기를 한다
 어디에 닿을지 서로 묻지 않기로 한 저 손짓들이 젖는 저녁까지
 헛된 바람을 버리고 나니 기절하는 순간이 오고 있다

어차피

이렇게 하든지 저렇게 하든지
어차피 해야 하고
이렇게 가든지 저렇게 가든지
어차피 돌아와야 했다
이렇게 먹든지 저렇게 먹든지
어차피 먹어야 했고
이렇게 살든지 저렇게 살든지
어차피 살아내야 했다
세상 사람들이 이룬 모든 일은
어차피가 시켜서 한 일이고
어차피를 앞세워 이유 있게 달려왔다
나도 어차피 죽을 때까진
어차피의 구속을 떠날 수 없다지만
그 피가 얼마나 소중한지도 이제 겨우 안다

단순해요

봄 이야기 하나 들려줄게요
습기가 많은 곳에서만 잘 자라는 피나물처럼
나는 이끼 피는 골짜기가 참 좋아요
한번 생겨나면 옹기종기 모여 사는 앵초는
낮은 꽃별들의 세상을 만들어요
앉은뱅이 꽃이어도 밟히지 않는 절실함 때문에
눈뜨면 화촉처럼 밝혀지는 나의 시간 속에
뜨겁게 사는 숨소리로 책 한 권 쓰고 있어요

바람이 쓰고 지운 말

비 그치고
다 씻겨진 초목 사이로
바람이 분다
바람은 어느새 뜰로 내려와
스무 해 전 태어난 이서라는 아이와
동갑내기 벚나무 가지를 오간다
누가 먼저랄 것도 없이 쓰고
바람이 지우기를 수십 번
초록 붓으로 시를 아무리 오래 써도
바람이 어느새 휑하니 쓸어내어 묻어 버린다
말이 너무 가벼워 지상에 붙어살지 못하는 건지
해독할 수 없는 문장 안에 나를 가두어 놓고
공수표 날리며 가버린다

기억의 꽃자리

본 것만 말해도 열 가지, 아니 서른 가지도 넘어서
떠오르는 이름만 불러오기도 숨이 차다는데
한해살이 꽃은 채송화, 봉숭아, 백일홍
삼총사가 먼저 생각나고
맨드라미, 과꽃, 해바라기도 줄 서 있고
더 말해 뭐해 생긋, 토라진다
나무꽃으로는 황매화, 해당화, 설유화가
소문도 없이 피고
기억의 꽃들은 화신처럼 남겨져 해마다
뜰에서 만나지만
올봄에 별목련이 꽃별 되어 안겨 왔다고
다시 말해주고 싶다

발톱의 성장기

이젠 손이 아니라
발을 보게 되었다
어디까지 내려가야 하는지
무지하여 모르면 어떤가?
마음이 아프다는 건 진심이었다는 것
남이란, 어깨만 닿아도 경쟁자인 세상에서
어느 날 공에 지극하여 비우려는 의지도
몸을 지탱하고 일으켜 준 발톱의 힘

멀리서도 희극 같은 생이고자
세월의 간극을 기억해 냈다면
먼저 먹을 고기 한 점 채갔다고
저녁을 굶은 듯 서럽지는 말자
발은 몸이 오도록 밤새 길을 닦고
말은 그 발을 부축했으니
발이 아프면 아픈 발을 씻어주고
말은 말 없음에 들어가 쉬고
또 다른 시간이 물기 마르도록 만져주면 그만

소화 대홍란

위기에 처한 작은 꽃을 찾아 보여주시느라
정작 자신은 더 작아지신 분을 알고 있다
화심에 품은 홍자색 빛깔로 되게 치장한 미모
스스로는 양분을 내지 못하는 부생의 삶도
여름 한 철 이렇게 영화로우니 아끼고 아껴
이리 보고 저리 보다 눈에 담고
가슴에 숨겨 내려오셨을 착한 발걸음
꽃 조심스런 발자국 소리가 여태 내 귀에도
들리는 듯 안온한 저녁 불

가을, 그즈음에

경계에 머문 시선을 따라가다
비 맞은 고아처럼 돌아왔다
돌담 위에 올려놓은 담쟁이와 저녁노을의 화해
여기는 강나루 위 행주성당 마당가
종탑을 지나다 걸린 구름 한 점까지
예사롭지 않던 건 우리가 함께라서 그랬다
한 세기를 지나온 믿음의 힘을 느꼈기 때문이라 땀 한 방울 호되게 떨군다
어둑한 한강을 끼고 달릴 때도
높다란 빌딩과 화려한 불빛을 탐하지 않았던 나
경계를 지우며 미끄러지듯 돌아와 소금기 묻은 손발을 정성껏 씻었다

발가락의 힘

생을 다시 쓰기로 하니
어제 내린 비가 햇살을 데려와
꽃잎 사이로 시들은 내게 양분을 준다

아무런 요구 없이 피고 지는
산당화 아래 가시 돋친 멍울 대신
그분의 사랑을 꺼내게 한다

혀끝이 찔려도 그것은 사랑
생이 어느새 여기까지 닿았을까?
물 흐르듯 흘러가게 가만, 두기로 한다

어긋장 놀음

남자를 이렇다 저렇다
밭고랑에 풀포기로 가져다 놓으려는
심사는 마침 아니다
어긋장 놓는 일은 하수일까?
상수일까?

앞산 진달래를 보다 이야기하는데
뒷산 생강나무꽃으로 혼자 넘어간다
같은 공간에서 다른 공간으로
자유 이동이 먹구름 밀려오듯 순식간

차마 한 수 배워 흘려버리면
마지막 심착지는 꽃밭머리
같은 길을 함께 수십 년 걸었다고
같은 생각만 하길 바라는 건 자격 미달
이럴 땐 슬쩍 이 말을 떠올리며
얼른 하회탈이 된다

돌보기

뿌리는 더 이상 썩지 않고 굵어질 뿐
너의 시간을 도둑만큼 탐하지 않는다

무너진 척추를 간신히 묶고 일어섰다
비정한 눈매가 살을 치고 지나갔다

수없이 다짐하며 뿌리에게 말했다
불쌍한 나를 잊지 말아 달라고

아픈 발가락에 피가 돌아
지탱할 수 있게 만져달라고

인생 별것 없다며 다 내려놓았다는 거짓말
누구도 먼저 달려 나가 죽기를 원하지 않아
보게 되었다

항복

선뜻 남에게 내어주지 않는 힘은
곧 충돌이란 억지의 돌덩이를 만들지만
이글거리는 숯불은 고기를 익히고
과하면 금세 타버려 먹지 못하는 지경
승리는 늘 뒤처지고
악명은 높아져 기름지고
견디기 힘든 건 스스로 고립된
한 인간의 늙은 그림자로 남았다
그게 누구일까봐 밤새 얼마나 닦아냈는지
방 안이 홍건한 아픔도 모자람의 원물 같아
많이 살펴주지 못해 죄스러워 마침내 엎드렸다

빗물 너를

비가 내려 산등성이마다 푸른 날엔
물방울무늬 장화 꺼내 신고
뜨락을 오가며 겨울눈 만지듯 비를 만진다
여기저기 놓아둔 그릇에 고인 빗물을 먹고 싶어
기다리는 제라늄에게 인심 쓰듯 부어 준다
눈치도 없이 자꾸 웃음이 새는 건
누수 현상 아니고 달라진 또 다른 세상 저편
미끈한 영양제를 마신 엔젤아이스오렌지가
아기처럼 웃기 시작해서다
촉촉촉! 쌩끗해진 꽃들
내일부터는 노을빛 꽃잎이 폭죽처럼 터지겠다

달톤의 비밀

늙지 않으려는 의지가 클수록
단위가 작은 콜라겐을 먹어야 한다는데
분자량이 작은 어린 콜라겐을 먹기로 했다는 탈모녀
좋아졌다기에 따라서 먹기로 한 사람들이 부지기수
흡수율이 최상에 달한 리포좀 콜라겐까지
이러다 다시 50대로 돌아가는 거라면
나는 도저히 싫은데 어쩌지?
"못 먹어 봤으면 말을 마세요" 이건가?
늙지 않으려는 욕구에 비해
마음 주름은 깊어지는 게 분명한 허세로다
하늘아, 세상아, 사람을 위로해 주기를
허공에 빠지지 않게 제발 일으켜 주기를!

* 달톤(Dalton) : 주로 콜라겐 분자를 나타내는 단위

제5부

가을에는 지는 꽃의 지문도 사랑으로 보인다

선물 상자

무작정 바라보다 털썩 앉아
만져보는데 태고의 시간 속으로
딸려 들어가는 그런 날 있다

엄마는 아픈 아기를 안고
이리 뛰고 저리 뛰다
돌 속으로 들어가 뜬눈이 되었다지

아기랑 강물 소리 듣다가
지친 아기부터 재우고
착한 아기 예쁜 아기 잘도 잔다, 잘도 잔다

수년간 눈물로 눈물로 가슴 저미며
애지중지 그렇게 눈물로 품었다는
선물이의 유아기가
아직도 어제 일 같다는 옛날이야기

나를 훔쳐가다

어떻게 그래요?
따져 묻기도 전에 무작정 흥정이 끝나고
스스로를 잃어버린 눈동자는 다 안다는 낯선 곳
마취 전에는 상상도 못 했던 일이 생겨난 것이다
시작은 시 한 줄 떠올랐는데 바로 까먹었다
방금 읽은 책에서 또 한 줄 적으려 연필 찾는데
어딘지 무슨 말인지 구름 속으로 빠졌다
몹시 추운 날 콧등이 날아갈 만큼 추운 날
푸념 없이 가뿐히 해변을 걷는 나를 만나고 싶다
애꿎은 겨울 바다에 가서 내 헐거워진 뇌세포를 깨우고
총명했던 나를 찾아오고 싶다

은행나무와 사람

누가, 저토록 탐욕을 털어내고
의연히 가을 나무가 될 수 있을까?

왜, 하필이면
노랗게 물들고 말았는지

소리도 말리고 가벼워진 마지막
내려놓은 길 위에
서 있는 작은 발 하나

사람은 거리에서 노랗게
목이 메이는 위안을 얻고
오래 깊어지겠구나

이 밤 가을 사람들이 어디쯤 가고 있는지

나무 수저

일생 나무가 허락한 만큼
아직을 쏟는 작가의 두툼한 손
나무의 살결이 움직이는 대로
여태라는 나무의 개명이 시작되는 순간
나무처럼 베어진 일 없어 호사를 안고 버젓이
천사라는 이름을 얻고 싶었나 보다
미완은 죽어서도 죽은 것이 아닌 소용을
만나고 기다리지
나는 죽으면 꿀벌의 밥그릇이라도 되면 어떨까 싶어
잠시, 흐르는 생각을 따라가다 두 손을 문지른다
자신을 헐어내는 매일의 수고가 나를 위한 기도였구나
아침밥 먹으며 손가락에 닿는 감김을 바짝 고쳐 쥔다

어깨에 돋아난 봄

가능하면 조금은 봄처럼 짧게
아프면 좋겠다고 말해

온 천지에 피지 않은 꽃이 없고
돋지 않은 잎이 없는 봄날의 반란

간결한 시간의 완성을 바라보니
으쓱대지 않아도 봄이 다 한 일

진리가 자유 안에 이름하도록
마땅히 마음으로 품어 바르게 약속된 흐름

빈 하늘 2

날아가는 새 한 마리 잡아
그려 넣기보다는
시린 하늘 창에 나를 그린다

거무튀튀한 낯빛이 사라지고
포실하게 만져지는 뺨이
낮달만큼이나 수줍다

오류

평생 던지는 질문이거나 화두 반복이란 자장 속에서
답하며 살아야 하는 불새인지도 모른다
밤보다 짙은 공허가 낮에도 몰려올 때 꼿꼿이
몸을 세우려면 긴 호흡이 필요했다
무엇이 해답일지 집중 또 집중 세 끼 먹은 반찬도
기억 못 하는 날이 허다한데
어쩌자고 흰머리를 감추고
주름살을 지우려고 어색한 분칠을 한다
그냥 살면 세월에 치인, 게으른 노예라도 된다는 건
마땅한 답일까? 노예는 자기가 부리는 자신이란 걸
알기나 할까? 나를 휘감고 올라가는 타자의 기생을
거부할 이유를 찾는다고 달라지는 게 없더라도 매달
리며 살기는
 어리석은 오늘이란 함정과 아직도 내 안에 잠들어
있는 청춘의 날개까지 포함시키는 내일로 가는 속셈
이려니

반복의 힘

파도와 내가 서로 닮아서
한밤중 뒤척인 나는
파도만큼 새하얀 후회를 버렸다

기도 같은 파도 소리는
꺼질 듯 자라났고
살아나는 절망은 양심의 소리요

밤새 소금으로 닦아낸 심장 하나
피까지 깨끗해져 투명해진 살갗
갈매기도 수도하듯 새벽에 긴 눈을 떴다

그녀의 촉각

사랑을 배우려거든 온몸으로 배워야 한다며
개미처럼 구부리고 앉아 보낸 날들이라니

등골이 상하는 줄도 모르고 젖은 장화 속에서
싹을 틔운 까닭을 다시 묻기엔 너무 늦었다고 했다

손에 풀물 드는 일이야 타고난 듯 누구보다
먼저 그녀의 손끝이 만지는 대로 조금씩 비뚤어지기도 했다

누가 억지로 그리 살라고 했어도 살았을
그녀를 알아서 밤새도록 비가 와도 당장 새 날이다

자기돌봄

어쩌다 한번 여행을 가도
불안해하지 말 것이야
자신의 몸도 사랑받을 이유가 있으니
너무 내 몸이라고 홀대하지 말 것이야
혼자 밥 먹을 때도 예쁜 접시에
정성스레 만든 찬을 올리고 감사로이 먹을 테니
체액이 많아지고 혈액이 잘 돌아
하루하루 개미취보다 튼튼해질 거라 믿고 살아

교차 시기

그러한 일과 그랬을 일들이 즐비했다
시상하부까지 밀려갔던 의지가 다시 회귀하는 지점
낡은 몸에서 나는 소리를 듣거나 외면하기도 한다

반복은 살아있어서 느끼는 호흡들의 의지
감각이 발끈해도 세월이 다듬어 놓아 반들거린다

농축된 몸에서 나는 소리에 놀라기도 하며
짧아지는 목을 칭칭 세우고 상처 없이 익어가는
포도알을 상상한다

몇 번의 고비는 한 인간의 생을 어루만지며
이석의 회오리도 무진 감내했듯
철새의 단전까지 허투루 지우지 않을 것이다

깨워라

주위에 잠든 것들을 새벽부터 깨우기로 작정하고
거인 같은 어둠이 물러나기를 기다린 밤
그러나 어둠도 빛을 모으는 시간이었음을 부스스 인정해라

유월을 앞두고 너 없는 세상이 저리 푸른데
어느 하늘 아래라고 외면할까
잠든 사이 현실과 꿈 사이에서 오갔을 먼지만도 못한 잡념들까지 깨워야 살 수 있는 아침 다시 와주신 그분뿐이시다

석류에게

내 어찌 이순을 넘게 살아도
너만큼 고운 날 없어서
혀밖에 가진 것 없는 나를 겨우 알았지

너의 속마음 탐하여
톡톡 건드려 보다
아낌없이 다 준다는 것을
겨우 배웠지만

너만큼 붉게
내어준 적 없어서
나는 발색되지 못한
나를 열어 하늘만 쳐다보고 말았지

석류잠* 하나
품고 싶다고
너를 기다리며

늦가을 여행을 떠난다
돌아올 때까지 안녕!

* 석류잠(石榴簪) : 석류 꽃송이 무늬를 새긴 금은비녀

시월 가네, 세월 가네

익은 가을 한 줄
수직으로 내려쓰지 못하는 날들이
먹다 남긴 고양이 밥처럼 차곡차곡 저문다
아니, 내가 먼저 며칠 간의 외면을 자초하고
늦게 핀 청화쑥부쟁이 곁을 오갔을 뿐이라고

종일 입도 떼지 못한 나는
늙은 호박 두 개와 가지 세 개를 품에 안고
집 안으로 들어와 음악에 귀를 맡긴 체
낯선 집에 찾아온 듯 한참, 서성거렸다

달력 끝에 붙어있는 숫자 몇 개가 흐릿하게
지난밤 뒷장을 스친 게 분명하다
벌써 돌아오고 싶으니까 미리 넘겨 놓고
먼 나라 서유럽까지 다녀와야겠다

바람의 넋

숲에 나비처럼 찾아간 날
멈추어 있던 대상을 기억해 내는 일
급작스런 저녁이 오듯 아득하다

당신은 지금 어디에 있나요?
안부가 뜸해진다는 것은
성글게 잊혀지는 일일 테고요

무엇을 보고 꽃이라 기억했나요?
세상의 무게를 덜어내듯
고요를 깨는 인정의 소리들

휘청이며 부는 바람 한 무데기가
통 바람골 지나 겁도 없이
무작정 내게로 고꾸라진다

벽 혹은 문

잠시 파도타기 같은 것이라 해도 산처럼 다가오는
여러 겹의 벽이 삼켜버릴 것처럼 무섭기도 하겠다

정면 돌파로 벽이 아닌 문으로 나오기란 쉽지 않은
상황들
내 인생에도 우선권을 주자

사는 법도 생각하는 법도 훈련이 필요했지
선택은 다 좋은 것만 뽑히지 않고 벽이 끝내 벽이
아니게
그 벽을 허물고 나오면 모두가 사는 거랬어

그날까지

아무 기억도 나지 않는 게 이상하다
분명히 몇 해 전만 해도 이런 내가
아니었는데

흐릿해져 가는 것도 있고
방금 읽은 글귀가
낙점되어 비행해 버리네

그냥 힝 하고 웃어넘기면 편해
그날까지 기억할 필요가 없어서
그런 거래 맞다 맞아

찔레꽃

뜰 입구에
하얀 찔레꽃을 심었지
안개를 개고 여름이 오면
나도 하얗게 구름꽃으로 피곤했지
피다가 연실 피다가
참을 수 없으면
앉아서 훌쩍훌쩍 울었지
찔레꽃처럼 몽실거리는
레이스 옷소매로
하얀 내 눈물을 꾹꾹 닦아도
해마다 엄마꽃은 그리움으로 소복소복
내 어깨 다독이며 말씀하셨지
"사랑한다. 내 딸아!"

흐름이란

모든 흐르는 것은 순간이 이어져 있고
잊고 있는 것 중, 하나가 밤처럼 걸어온다

순간은 영원으로 향하겠지만
내가 좋아하는 말은
"순리대로 살자"

빗소리도 가지런히 들려와 눕고
그 어떤 연주보다 다채로운 공연은 익어가고
이대로 사는 일 물결 같은 순리라서 얼마나 다행

작심

단순한 헤어짐도 이 나이엔 쉽지 않아
젊은 사제가 이국땅으로 다시 떠나는 날
공항에 나가지 않았던 이유 하나
가치 있는 일이면 조화롭기 마련이라
기도하듯 흘러가야 나답지

불안을 지우려 차분히 둘러보다 살림살이 정리하는데
폭우에 소식이 끊어진 사람처럼 도착 안부가 없어
터널에 갇힌 듯 막막해진 저녁

앞치마는 시처럼 말랐다 젖었다 쭈글거리고
밖에는 이미 집으로 돌아온 날개들이 번득이는데
방 창에 달라붙은 여치는 잠도 잊고
나 대신 한참을 울어댄다

자유 의지

사람아, 하고 모두를 부르고 싶지만
자신이 알아서 듣기로 설정한다
지금 고민하는 일로 실패할 수 있지만
성공할 수도 있다는 쪽에 다가선다
삶이란 살아질수록
누가 강요한 일이 아닌 게 훨씬 많다
쉼 없이 작은 모티브를 짜듯 쌓여가는
소망들이 활력 비타민이 된 지 오래다
즐거운 고뇌를 위해 조금씩 고민하는 쪽으로
헤질 듯 뭉그적거리는 세포를 정신 나게 한다
하늘과 바다가 서로 닮아있는 푸르른 날
그래서 멀리 있다는 것까지
세상이란 척도에 반듯하게 접혀있는 나를
펼쳐서 함께 만들어 갈 수 있기를 바라지

돈독

1.
돈에 부식된 너를 보며 내가 보였다면
그건 너의 참나 어쩌면 서로 별반 차이도 없지
철저히 무장된 질환이 우주에 침범하여
잠식당한 인간들 사이로 폭주하듯, 번져가지

박수치며 돈 버는 일에 피를 쏟아붓는 사람들
사람이 인간답게 살기 위해 철저하게 선택한 그것
사람의 마음을 할퀴고 고질병 들게 하지만
그것 싫다는 사람을 본 적 없긴 마찬가지

그러는 사이 통장의 잔고를 확인하고
더 나은 내일을 무한 기대하듯
목숨을 담보로 내 것 채우기는 거듭하고
돈으로 매겨지는 사람다움
돈으로 일으킨 성공의 결말이란 모르지

2.
입금으로 치료하는 날들이
진정 살길이라고 믿는 건 아닌지
물질이 권력이나 최고의 가치가 아니라

이타심으로 가진 것을 나누는 사람들이
아직은 많다고 들었는데
스스로 파먹은 생의 빈자리 둘러보고 갈 때는
늦은 후회가 먼저 들어가 눕는 허무의 바닥

이 독을 치료약으로 바르면
너는 너답게 나를 배우고
우매한 자는 자기 눈이 밝아져 사는 날까지
앉은 자리 둘러보고 밥 먹듯 바라보며

나는 다시 너답게 사는 의미를 지켜 내며
사람이 왜 사람인지를 알고 살다가는
사람으로 서로 만나 잘 사는 세상이겠다

후유증

여울마을 물 돌기를 종일 보고 와서 그런가
저녁해가 시들어 가는데
슬픔이 녹아내린 듯 어리석은 마음 한 자락
간신히 덮고 누워 들썩이는 등의 파고
많이 웃고 잘 먹었는데 어릴 적 장마에 떠내려간
신발 한 짝 찾듯 허전하게 젖은 가슴은 왜일까?
알 수 없는 기운을 한 장 한 장 넘기느라
저녁밥도 미루고 무성한 생각만, 수북이 먹었다
아직도 물만 보면 버티고 싶어 서럽다
잃어버린 시간까지 가물거릴 만큼 마냥 어지럽다

꽃밭 매기

풀과 풀 사이
꽃과 꽃 사이로 손끝이 바빴던 것은
꽃을 가꾸는 어미가 아들에게 안부하는 시간이요
아들을 사랑하는 어미가 아버지 당신께
찬미 드리는 감사의 시간입니다

머릿속을 가득 채운 한 가지 소망이
어미라서 마땅하겠다, 여기며
이 땅에 오롯이 사명 받들어 사는 길만은
축복의 길이라 삼킨 눈물로 기도합니다

재의 수요일

바람에 흩날리는 검불이 되지 말고
제 때에 열매 맺는 포도나무로 살자고
성당 문 열고 들어서며
그분의 자비하심에 안기는 미사 시간

머리에 재를 얹고
"사람아, 너는 흙에서 왔으니,
흙으로 돌아갈 것을 기억하라"
사뭇 간절해지는 내면의 소리에
평온해지는 나를 분명히, 느꼈다

돌아오는 길에 만난
홍버들 사이로 봄은 눈떠오는지
"용기를 내어라"
스스로 위안을 입고 시린 마음을
몇 번이고 달래며 뜰로, 왔다

가능한 일

힘 빼고 말하기로 이기는 법
아주 작은 말로 속삭이듯
속내를 억눌러야 이기는 법
인생을 걸 만큼 모두를 속이고
쟁취한 욕심을 지고는
한 발자국도 걷지 못하는 법
그 법을 터득하는 일

세상과 사람

사람이라서
사람이 그리운 날 가끔 있네
혼자도 아닌데
꽃들은 지천인데
마음이 넉넉할수록
빈자리가 보이고
세상이 갑작스럽게
눈 뜨고 일어나면 바뀌는 건
사람들 마음이 빠르게
변했기 때문이야
혼자 중얼거려도
지지 않는 별처럼
뜨지 않는 해처럼
모든 건 다 그대로 제자리에
생각하기 나름인 거네

역에서 易으로

빛이 해를 달군다는 억지가 마음에서
지워지지 않을 때
나뭇잎이 현란하게 생각대로 물들고 있었다
나무는 그래도 된다고 수십 번 되뇌었지만
붉은 카디건을 입고 서 있는 나는
지난 여름날 초목처럼 버티고 싶었다
느슨해진 생각 느려진 신호
알아듣지 못하는 생의 문제 풀이가 한가득
이 가을 낙엽을 태우듯 재로 남을 것들에 대해
묵념하면 어떨까?
이 또한 내 생이라고 적지도 말고
다 있는 그대로 놓아두면 어떨까?

집 짓는 자여!

오늘 당신이
자연과 어울리는 집을 지으려면
채우려고 집을 짓지 말고 살려고 집을 지으세요

큰 집을 짓고 싶다면
더 많이 생각하고 주춧돌을 고르고
행복한 집을 짓겠다면 첫 삽을 크게 떠야 해요

사는 동안 가진 것 많이 나누고
정신을 곧게 세우면 시야가 밝아져
집만이 아니라 마음뜰이 더 넓어지지 않을까요?

집은 작을수록 사람이 더 크게 보이고
그 안에 사는 이는 뼛속까지 아늑하여
추운 날도 따뜻하게 살아가겠지요

없어지는 것들의 무게

누가 이 순간 내 걱정을 해줄까?
누가 있어 나를 끝까지 기억해 줄까?
깊은 새벽, 어둠을 안고 깨어나
체칠리아 성녀를 기억하며 도우심을 청한다
살아보니 희미하게 알 것 같았던 인정의 날들까지
사치스런 웃음으로 어제가 되려는지
말 못 할 굴절과 혼란 왜곡된 틀을 깨고 사라지기를
그들은 순수를 끝까지 지켜갈 수 있을까?
다 묻혀버린 허공에 사라질 것들이 남아 뒹군다
덩달아 비켜 갈 인생의 시간마저 없어지려고
얇아진 종아리가 후들거린다

나 사랑법

 어림짐작으로 겁내지 않도록 다짐하고 통나무 다리를 건너간 것은 어릴 적 가느다란 발목에서 키워온 야무진 힘이었음을 안다
 장마철에도 물살 위로 건너야 했던 돌다리 몇 개와, 옥수수를 따서 이고 펄쩍 건넜던 도랑 다부진 발의 힘도 거기서 왔다 내 몸은 오랜 시간 느린 적 없이 꽤나 날렵했다

 어떤 일을 미루거나 느적거리는 것을 배우지 못한 예민한 몸
 지혜롭게 관심 두지 않아 이젠 많이 낡았지만, 아직도 수십 포기 김장을 혼자 할 만큼 척척 일머리가 돌아간다
 이런 나를 스스로 귀히 여길 마음이 뒤늦게 깨알 같다 어느 해인가, 수백 포기 김장을 마친 나에게 이제라도 그때 정말 고생했다고 말해주며 토닥여 준다

깨어나다

타인을 이해하는 데 걸리는 시간보다
나를 이해하는 데 마음 쓰는 사람이 먼저 깨어난다
내면을 읽어내는 사람은 꿈을 펼쳐가는 시간을 산다
공허로부터 자유로운 사람은
무기력을 열정으로 끌어올리는
새로운 세상으로 옮아가 산다
'나'라는 페르소나는 어디를 향하는지
공허가 주는 환상을 가치 있게 다듬는 성장통은
밥 먹듯 매 순간 계속되는 게 아닐까?

도착한 집

기억만 더듬다가
다시 혼자가 되는 별로 돌아간다 해도
여기서 얻은 이름은 버리지 않을 테지요
마음의 곳간도 헤지지 않게
바느질하며 살겠다는 야무진 꿈도 꾸어요
이제 당신은 마중 나오지 마세요
수만 년을 가더라도 먼저 갈 곳이 있어서
지상의 그림자를 지울 시간을 계산하진 않아요
숲은 여전히 맑아서 말귀를 알아듣고
아주 늦게 도착해도 상하지 않을 심장 하나면
다 가진 부유가 가득해요
제발 아프지 않게 살고 싶어요
종이 같은 홀가분이 덩실덩실 걸어 가네요